藥師佛50問

學佛入門Q&A

法鼓文化編輯部　編著

〈導讀〉
藥師法門與人生安樂

儘管現代世界科學發達、醫療進步，但人類依然面對不亞於古時的諸多身心苦厄，除了尋求世間醫藥的療癒進路，還須向佛教探求眞理法藥，自根本上超克身心與生命的問題。再者，地球社區的生存環境越發趨向不理想，用佛法來解釋，這是由人心集體不清淨所致。《藥師經》是部適合當前這個娑婆濁世修學菩薩行的寶典，藉由此世佛法實踐以淨化身心與世界，參預到人間淨土建設；亦可發願迴生淨土（東方或西方），所行善法功德全是往生淨土的推升資糧。

《藥師經》中反覆提點世人常犯的不善行爲，勸戒讀經者避免增長惡業，及指導如何發至誠心，依經典教誨來懺悔改過，消解業障，淨治身心，獲致生活安樂。其次，經中開示由淺到深的修行方法，使學佛者有所依循，步上菩薩道旅，培植福德，開發智慧，以期徹底解決自身生命問題，並提昇利他助人能力。經常讀誦《藥師經》，有利感得藥師會上佛菩薩與護法神眾的護念，排除惡緣；進而體察經義，如說修行，更能獲得聖眾們的威神力加被，順利匯聚福德與智慧資糧。修習藥師法門，促進今世安樂，創造來世安樂，還助益邁向成佛圓滿大樂。

藥師法門除了經典所示的教理與行法，還包括在佛教歷史過程中所發展的修持儀軌，及高僧大德的義理領解與實修心得，爲當代學佛大眾提供豐富的修行參考資源。《藥師佛50問》是綜合解說藥師法門的入門性著作，涵蓋四大部分：介紹藥師佛及其信仰、東方淨土的特殊內涵、藥師行法的實踐指引、藥師法門與身心淨治。

一、藥師佛及其信仰傳播

第一單元「認識藥師佛」，解明藥師如來的名號涵義、廣泛流傳的原因、何以為大醫王佛、何為藥師七佛、藥師佛的造像特徵、藥師信仰的時空傳播等課題。這些議題可拓展讀者對藥師佛的認識廣度，有助了知藥師佛的特殊意趣與修學利益，釐清一些與其他佛菩薩、淨土可能相混之處，及概說藥師信仰在印度、中國、日本、韓國、西藏、東南亞等地的流傳情形。

無論是佛教皈信者或單純對佛教文化感興趣者，都能自這些問答中汲取想要了解的藥師佛相關知識。藥師法門的修學者可增進對敬奉對象的認識，強化實踐上的意樂。想接觸佛教文化者可藉此擴充知識範圍，試著以同理心來思索藥師信仰的宗教文化意涵。藥師佛的精神文化世界，含攝許多莊重的與趣味的內容。

二、十二大願與東方淨土

藥師佛過去在菩薩階段發了十二個宏大誓願，依據這些誓願來從事菩薩萬行，提昇自己，化導有情，由集體心靈的淨治而顯化了清淨莊嚴的佛國土，即東方淨琉璃世界。修習《藥師經》的一大重點，便是從十二大願來領會藥師如來的無邊功德與加持力量，並且效法藥師佛的發願，生起無上菩提心。

藥師佛建設淨琉璃國土的弘願與娑婆世界的人間佛教取向特別貼近。書中第二單元「藥師佛的東方淨土」，先概述藥師淨土的環境景象及菩薩聖眾、護法神眾，然後解說十二大願的具體內容，並由此引申到現實人生的佛法修練。如此問答，既幫助對深廣菩薩行願的理解，同時帶出建設人間淨土的意涵。

三、修持方法與身心療癒

第三單元著重於說明藥師法門的修持功效與修行方法，做為有興趣於實修應用者的參學指引。藥師法門在佛法修持層面的功德與利益，如弘一大師所說，包括維持世間道德、輔助戒行清淨、決定往生淨土、快速成就佛果。藥師法門主要方法有讀誦經典、稱念名號、持念眞言、禮拜供養、修懺淨業等路徑。關於這方面，就有勞讀者自行去體驗了！

第四單元探討藥師法門運用於身心療癒方面，應有的正確觀念與態度。身心療癒必須仰仗醫療體系的醫藥及藥師法門的法藥，不宜偏廢，治標與治本兼顧。人類的身心病苦，有其多種多樣的致生因緣，而心靈維度絕不可忽視。就佛法的立場而言，煩惱與業力方爲身心失衡的根源性因由，藥師法門的教導重心就落在淨治煩惱與懺悔消業，由心靈的淨化來助益身心的康寧。

此書文字淺白易解，內容豐富充實，照顧到藥師佛及其行法的各個面向，很適合用來接引對藥師佛法持有興趣的各界人士。筆者長期推廣《藥師經》的研讀與修學，很高興看到這本書的出版。

黃國清

南華大學宗教學研究所副教授
兼唯識學研究中心主任

目次

1 認識藥師佛

2

藥師佛的東方淨土

3

學習藥師佛有方法

4

琉璃光明眾病悉除

1

認識藥師佛

Question

01

藥師信仰爲何能普爲流傳？

每當聽聞有人生病時，佛教徒往往會勸人禮拜藥師佛、持誦《藥師經》，經文所說「我之名號一經其耳，衆病悉除，身心安樂」、「隨所樂求，一切皆遂：求長壽得長壽，求富饒得富饒，求官位得官位，求男女得男女」，非常符合衆生的願望。精誠所至，所求皆滿，使得《藥師經》自古以來，普遍受到上下階層的喜愛，藥師信仰也隨之普及。

解決現實人生問題

藥師佛的琉璃光普照世間，帶來無限希望與祝福。就帝王來說，信仰藥師佛、修持《藥師經》，能護國息災，轉禍爲福；就百姓來說，則能療癒病苦，增福添壽；無論身在哪一社會階層，困於哪種煎熬，藥師琉璃光都能照亮人心，解決人生問題，活出理想生活。只要心念藥師琉璃光，千般苦終能雨過天晴！

活在五光十色世界的現代人，雖然隨時都能燈火通明，卻難以驅散內在的黑暗恐懼，害怕一夕之間會一無所有。在任何感到恐懼不安的時候，都可以稱念「南無藥師琉璃光如來」，以藥師佛名號幫助自己點亮心燈，重拾信心。僅僅是聽聞藥師佛的佛名，便有種種不可思議的功德利益，更何況還有日光菩薩、月光菩薩，以及十二位神將的守護。

全方位守護眾生平安

藥師佛提供現實人生的全方位守護，面面俱到。小至日常所需的食、衣、住、行，大至修行成佛，所有人生的疑難雜症，藥師佛都給予藥到病除的安心力量。無怪乎從古至今，不管現代醫學如何發達，人們面對病苦與煩惱，都需要向藥師佛「掛號看病」，透過稱念藥師佛名，不僅求助消災解難，更渴求內

（李佳純　攝）

在平安無憂，讓內、外在世界都能一片光明！

當人們不必再爲求生擔驚受怕，便能以「人飢己飢，人溺己溺」的同理心，從受苦受難的衆生，轉爲救苦救難的菩薩，實踐自利利他的菩薩行。將能夠學習藥師佛發願，願意點亮心燈，爲他人照路，讓自己成爲藥師佛的濟世妙藥！

Question 02

藥師佛爲何名爲藥師琉璃光如來？

藥師佛全名爲藥師琉璃光（王）如來，梵語 **Bhaiṣajya-guru-vaiḍūrya-prabhā-rāja**），又稱藥師琉璃光佛、藥師如來、消災延壽藥師佛，並被尊爲大醫王佛、醫王善逝、十二願王，是佛教東方淨琉璃世界的教主。

除生死病，照亮三界

藥師琉璃光如來能除生死之病，而名藥師；能照三界之暗，而名琉璃光。

藥師的意思如同現代所說的醫師，世間醫師只能治身心疾病，藥師佛則能開法藥幫助了脫生死輪迴。衆生之所以生死輪迴，皆因累生累劫不斷在造業受報，藥師佛以其十二大願，既助衆生療癒現世貧病疾苦，也助其解脫生死煩惱，速得

（鄧博仁　攝）

菩提成佛。

琉璃是一種天青色的寶石，通體晶瑩透明，所謂的琉璃光，即是天青寶石所含的淨光。藥師佛名為琉璃光，是以琉璃寶的光輝、明淨，稱讚佛德。藥師佛發願當他成佛時，身如琉璃，內外明徹，光明廣大，照耀無數世界，而他所建的佛國淨土則名為淨琉璃。淨琉璃世界以琉璃為地，以金繩為界，建築皆由七寶所成，是個光明輝煌、清淨無暇的莊嚴佛土。因此，藥師佛也稱琉璃光佛。

以光明心看世界

如來是諸佛的通名，藥師佛希望當他成佛時，眾生都能與他一樣成佛，毫無差別。我們稱念藥師琉璃光如來佛號時，除感念藥師佛的弘深願心，也要服用佛所開的法藥，以光明心看世界，歡喜自在過生活。

Question

03

爲什麼稱藥師佛爲大醫王？

「佛如大醫王，經教如藥方」，醫王是對一切佛的尊稱，所有的佛皆是大醫王，因爲佛能治療眾生的心病，而以良醫爲譬喻，尊稱爲醫王。既然諸佛皆能爲眾生治病，爲何只有藥師琉璃光如來可以獨稱爲藥師佛，而特尊爲醫王中的大醫王呢？

特重消災免難與治病

印順長老於《藥師經講記》解釋：「藥師，本可爲一切佛的通稱，佛都能善治眾生病的。佛體察眾生的種種病情，能施設運用種種法藥——八萬四千法門，即是八萬四千法藥。如作大類的分別：有人天法藥，小乘法藥，以及自利利他的菩薩法藥等。約此意義，一切諸佛都是無上醫王，都是大藥師。不過東方淨土的

（李蓉生　攝）

如來，特別重視消災免難，特重於治理眾生身病，所以特以藥師為名。」

竺摩長老則於《藥師淨法講要》認為：「個個佛都可稱為藥師，而現在獨稱東方淨土的如來為藥師，因此如來發十二大願，特別重視社會的病態，特別重視消災免難，解除眾生的身心二病，所以特以藥師標其聖號。」

由此可知，藥師佛能因應眾生世間所需，消災免難、治癒疾病，所以特名藥師，特別表彰大醫王的意義。

藥到病除，重獲新生

《雜阿含經》說：「有四法成就，名曰大醫王者，……何等為四？一者，善知病；二者，善知病源；三者，善知病對治；四者，善知治病已，當來更不動發。」意思即是成為大醫王有四個條件，一是能正確地診斷疾病，二是知道發病的原因，三是知道用何種方法或藥物醫治疾病，四是將病治癒後不會復發。

藥師佛的十二大願，其實就是他爲眾生所開的十二種妙藥，他的良藥不會苦口，反而甘之如飴。藥師佛會因病與藥，不論求藥的眾生爲何所苦，皆能助其離苦得樂，藥到病除。而當眾生恢復健康後，自得重獲光明新生！

Question

04 爲什麼藥師佛能消災延壽？

消災延壽是藥師信仰的一大特色，幫助人們逢凶化吉，福壽延綿。消災延壽的力量，來自藥師佛的十二大願與修法。在充滿疾苦的人世間，畢竟要先對治災難、病苦，才能擁有修行的資糧。

消災延壽，現生安樂

藥師佛發願救拔所有造作惡業的眾生，只要聽聞藥師佛的名號，就能轉化惡業，免墮三惡道，讓眾生能安樂生活，無後顧之憂，從而開展修行之道。《藥師經》說，若有人重病將死，家人日夜供養禮拜藥師佛，依循經中方法修持，便能延壽續命。

（釋常鐸　攝）

信仰藥師佛，希望消災延壽，是人之常情；但如果僅止於此，實則窄化了藥師法門的內涵。《藥師經》的主要內容，終究是在強調藥師佛的本願功德，也就是藥師佛感受眾生的苦痛，慈悲所發的十二大願。

以願力為人生的方向

《藥師經》的十二大願，可說是為人處世與向善向上的人生方向，如「令邪歸正，導小向大」、「具足戒行，毀犯清淨」，就是提醒學佛之人要自求福德，淨化身心；而「令諸刑難，解脫憂苦」、「令諸飢渴，得妙飲食」，則要人仰仗佛的願力，進而幫助他人，改善社會。每個大願無不是針對眾生迫切的需求而發，是立足於現生，求得現世安樂，不同於其他的淨土寶典，只將希望寄託在命終往生淨土。一個人如果不能確立生命的意義與方向，延年益壽反而是延長煩惱人生的受苦刑期。因此，消災延壽的積極人生意義，應是學習藥師佛的發願精神，奉獻自己，成就人間淨土。

Question 05

七佛藥師是誰？

七佛藥師即是指七尊藥師，包括：善名稱吉祥王如來、寶月智嚴光音自在王如來、金色寶光妙行成就如來、無憂最勝吉祥如來、法海雷音如來、法海勝慧遊戲神通如來、藥師琉璃光如來。

此七佛出自《藥師琉璃光七佛本願功德經》，七佛住於東方四恆河沙乃至十恆河沙世界，皆曾發願拔濟眾生的苦惱，各發四大、八大、十二大願。但是玄奘法師所譯的《藥師琉璃光如來本願功德經》，只說東方藥師一佛，並未提到其他六佛。因此，自古以來多有論議，有說七佛是相異的七尊佛，有說是藥師一佛的異名或分身。通常來說，藥師七佛會以藥師琉璃光如來爲主尊。

（釋常鐸　攝）

Question

06

爲何藥師佛有時持藥鉢、藥草，有時捧塔？

《藥師經》描述藥師佛，身如琉璃，光輝映徹，具足三十二大丈夫相、八十種隨形好，德相莊嚴圓滿，可是現存的四部《藥師經》譯本，皆未提及藥師佛的具體樣貌。

經軌的藥師佛造形

藥師佛形相僅見於經軌裡，唐代不空法師所譯的《藥師如來念誦儀軌》提到：「安中心一藥師如來像，如來左手令執藥器，亦名無價珠。右手令作結三界印，一著袈裟結跏趺坐，令安蓮華臺。」《淨瑠璃淨土摽》則說：「藥師瑠璃光如來，通身淺碧色，寶窟中百寶蓮華，師座上大空三昧，放無數光明，一一光中，無量分身諸佛，悉大空三昧相，右臂揚掌，調手開葉，左安臍下，勾小指，號大寶瑠璃藥。」

因此，寺院常見的藥師佛造像，通常為結跏趺坐於蓮花台上，左手執藥缽，表示甘露，右手持藥草、藥丸，施予病人；也有左手持藥壺、錫杖，右手結與願印、施無畏印或禪定印。藏傳佛教的藥師佛像，則常見身體或髮髻呈琉璃色，左手持藥缽、藥壺，右手結與願印，為其造像特徵。

藥缽、藥草和藥塔

中國的藥師佛造像，左手所持的藥缽、藥壺，名稱未見於儀軌，應是古代所稱的「藥器」、「無價珠」，可除身體病苦、除煩惱三毒。藥師佛手中的藥草，名為訶梨勒，又稱訶子，象徵妙藥。

至於手持藥塔的造形，則僅見於近代中國寺院，一說是藥師佛的的功德能消

（法鼓文化資料照片）

災延壽，繞塔能帶來除障招福種種功德；另一說與密教大日如來法界圓塔的三昧耶形有關，藥缽象徵佛德，被喻爲法界圓塔。

Question

07

藥師佛是藥王菩薩嗎？

藥師佛並非藥王菩薩，他們皆爲醫藥之王，但是一爲佛、一爲菩薩，分屬於不同的淨土世界。藥師佛的梵名爲 Bhaiṣajya-guru-vaiḍūrya-prabhā-rāja，通稱爲藥師琉璃光如來，是東方淨琉璃世界的教主，聖誕日爲農曆九月三十日；藥王菩薩的梵名爲 Bhaiṣajya-rāja，據《十往生阿彌陀佛國經》記載，是西方極樂世界阿彌陀佛會派遣前去接引往生者的二十五菩薩之一，也是《藥師經》提及的接引往生西方淨土的八大菩薩之一，聖誕日爲農曆四月二十八日。

《藥師經》是介紹藥師佛的重要經典，詳述藥師佛土所在的東方琉璃世界，以及他的十二大願。認識藥王菩薩可參考《觀藥王藥上二菩薩經》，記載藥王菩薩將於未來世成佛，號淨眼如來。而在《法華經》，藥王菩薩既是燃燒自身供養諸佛的大菩薩，也是施藥除治眾生身心病苦的大士，累劫以來常捨身布施。

Question

08

藥師佛與阿閦佛的東方淨土一樣嗎？

藥師佛與阿閦佛的淨土世界，同樣皆位於東方，但並非同一個佛國淨土。

莫把藥師佛錯認為阿閦佛

妙喜淨土爲阿閦佛居住、化導衆生的淨土，琉璃淨土則是藥師佛的佛國。由於阿閦佛與藥師佛都在東方成就淨土，加上密教信仰裡，兩尊佛的形相皆呈現藍色琉璃光，大衆往往將阿閦佛錯認爲藥師佛，連帶也把兩方淨土混爲一談。

從地理位置來看，藥師佛的琉璃淨土距離我們居住的娑婆世界，大約在十恆河沙等國土之外，阿閦佛的妙喜國則是東方過千佛刹之處，但是仍比西方極樂世界近一些。

本願不同，成就不同的淨土

佛菩薩本願不同，成就的淨土自然也不一樣。藥師佛以除滅眾生的一切苦惱為本願，因此淨土中沒有三惡道，更不會聽到人們因為種種痛苦而發出的抱怨，是一個清淨和樂、沒有身心病苦的世界。而且東方淨土以琉璃為地，宮殿、樓閣皆為金、銀、琉璃、瑪瑙等七寶所建，整體而言，與西方極樂世界可說平等無差別。

阿閦佛的妙喜淨土，則是從改善、提昇娑婆世界而來的。例如妙喜國有男有女，雖然仍有欲事，但不執著於愛欲，女人也不受產難之苦，是個強調性別平等的淨土。此外，妙喜國雖然沒有金碧輝煌的城闕宮閣，但國土廣袤平正、飲食充足，而且人人少欲知足，幾乎沒有貪、瞋、癡等煩惱，妙喜國在道德、社會、文化方面的生活，也值得我們學習，實踐人間樂土。

（李蓉生　攝）

Question

09

藥師信仰的起源爲何？

由於印度關於藥師信仰的起源，資料十分有限，歷來有不同的說法。除了克什米爾的吉爾吉特發現的梵本《藥師經》，印度早期的考古發掘沒有藥師佛造像相關文物，西行求法高僧的傳記也沒有關於印度藥師信仰記載，由此可知，藥師信仰在印度並未十分盛行，而難以得知其實際流傳情形。一般推測是源自印度的西北邊境或中亞，但是實際產生於何時、何地，尚未解謎。

儘管現代缺乏《藥師經》在印度流傳的文獻紀錄，但這部經典在中國古代歷經數次的傳譯，都在佛經目錄中有明確的記載；而且此經尚有梵文本、藏譯本現存於世，足以證明其印度淵源。

玄奘、義淨等去過印度取經的譯經大師，都從印度帶回來這部經典的梵本，並且翻譯爲漢文，他們都見證了《藥師經》在印度的流傳。古代譯經大師們從印度帶來《藥師經》，他們確信這部經典，更將其翻譯出來，是我們信受此經的宿昔典範，要珍惜得之不易的法寶。

Question
10

藥師信仰如何在中國發展？

藥師信仰約在南北朝時傳入中國後，便逐漸傳播開來，日益興盛。藥師信仰不同於佛教其他著重往生佛國或來世解脫的信仰，特別重視現世的救濟功能，所以不但得到朝廷支持，也得到民眾護持。

唐代高僧譯經寫疏與建立藥師經軌

自南北朝起，便有藥師佛的造像，而在隋、唐、五代至宋、西夏，出現許多藥師經變，及至元、明、清乃至民國時期，藥師佛信仰皆持續發展。從現存的文獻、文物，包括寫經、石刻、繪畫、寺院建築、文學作品，皆可看到大量的藥師信仰資料。

藥師信仰發展至唐代達到頂峰，進入黃金時期，無論是《藥師經》的多種譯本廣泛傳譯、高僧撰寫藥師經疏，或是藥師經軌的形成，在在皆起著推波助瀾的力量，從中也可看出藥師信仰在中國的盛行風氣。

宋代深入民間普及大眾

宋代的藥師信仰，在深入民間後，轉向世俗化、平民化。平民百姓信仰佛教多為尋求心理慰藉，希望現世安穩。藥師信仰的主要功能，更強化在消災治病、拔苦除難，滿足民眾俗世的種種願望與需求。從宋代藥師佛的造像、刻經的題記內容，大都為解除病苦、消災延壽、闔家安康、子嗣繁昌等現世利益，可以看出人心所向。

就傳布範圍來看，宋代藥師信仰已廣為流傳中原、江南、敦煌、西南地區。不只中原地區有藥師佛畫像、造像及設藥師院，江南也有許多刻經活動及設藥師

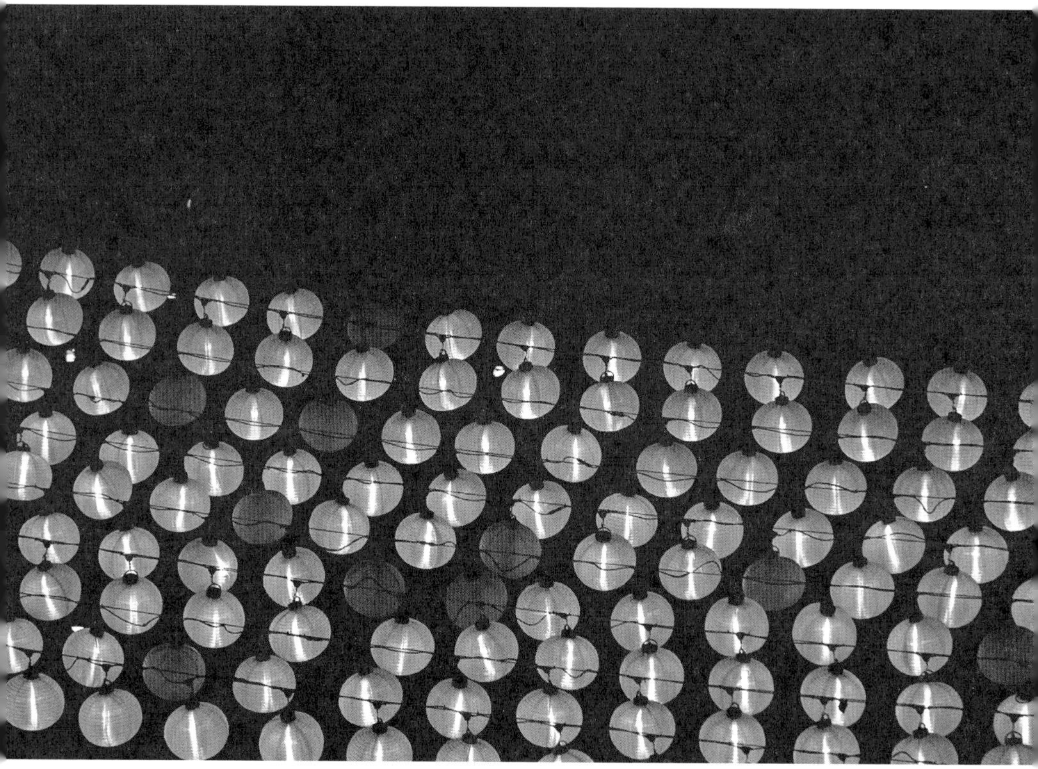

（林佳慧　攝）

院，敦煌地區則主要集中在莫高窟壁畫。除此之外，詩詞、小說、散文等文學作品，也都可見藥師信仰的影響無遠弗屆。

而在明代以後，寺院建築格局已定型，從普設藥師殿，可以得知藥師信仰有固定的活動空間，發展已至完全成熟階段。藥師信仰不僅深入常民文化，也有專修的道場，讓人們可以修學藥師寶藏。

Question

11

日本的藥師信仰有何特色？

藥師信仰在西元七世紀傳至日本後，由於皇室的大力護持，修建寺院、造立佛像，大爲興盛。奈良藥師寺即因天武天皇爲祈求鸕野皇后病癒，而發願創建；新藥師寺則因聖武天皇眼病，光明皇后祈求藥師佛使眼病痊癒而建造；法隆寺的銅鑄鍍金藥師佛像，則是十三歲的聖德太子爲父皇祈求病癒健康所鑄。

皇室護持與民間信仰

爲何日本王室獨鍾藥師信仰呢？相對於彌陀淨土的來生效益，藥師淨土更強調現世效益，王室擁有榮華富貴，希望於現世能保持安樂，所以能護佑消災延壽的藥師信仰，正是他們所冀求的。

中國醫藥的傳入，也帶動藥師信仰，例如東渡日本弘法的鑑眞法師，精通醫藥，被尊爲日本醫藥始祖。鑑眞法師所建立的唐招提寺，在金堂內亦供奉有藥師如來立像，促成藥師信仰的流傳。藥師佛靈驗事蹟對民間的藥師信仰，更是推波助瀾，如漁夫與市在海中撈到藥師佛像，設立醫王山寺加以供奉，他後來出家虔誠祈求藥師佛庇佑，夢見藥師佛醫好母親盲眼症，該佛像因而以「眼之藥師」聞名，此後，屢有治癒信徒疾病的靈驗事例。

修持藥師法門以治癒病痛，也成爲民間流傳的習俗，例如舉行《藥師經》講經法會以治病與祈求延命；在懺除罪障方面，也有以藥師佛爲本尊的「藥師悔過法」；而在臨命終時，更有修持藥師法以求延命的事例。

藥師信仰在日本，可說上自王室、下至平民，而且是跨派別的信仰。大力弘揚藥師信仰的有天台宗顯教、密教（台密），尤其是密教傳承更對藥師法門有系統性的整理與宣揚，承澄法師所撰的《阿娑縛抄》，爲台密各派所傳教相與事相之集大成，藥師法門爲台密的四大祕法之一。眞言宗覺禪法師所撰的《覺禪鈔》，爲眞言宗修持法的集成，書中介紹的七佛藥師法，即爲對七佛藥師法門的密教式整理。

藥師靈場的巡禮

西元一九八九年十一月十四日，奈良藥師寺舉行了「西國藥師靈場」開創大法會，結合了日本大阪、京都、奈良等四十九個祀奉藥師如來的寺院，鼓勵信徒做藥師靈場的巡禮，這是藥師信仰在日本演繹出的獨有修行特色。

Question

12

韓國的藥師信仰有何特色？

藥師信仰隨著中國佛教傳入韓國，始於西元七世紀中葉，流傳之廣、受歡迎程度也不亞於漢地，藥師造像在西元八世紀時最爲盛行，大約是統一新羅時代。

皇室護持藥師信仰

藥師信仰的流行與皇室護持也有極大關係，傳說善德女王罹病，因僧人誦《藥師經》才得以痊癒，這段歷史收錄於《三國遺事》卷第五：「善德王德曼遘疾彌留，……時有密本法師，……本在宸仗外讀《藥師經》，卷軸纔周，……王疾乃瘳。時本頂上發五色神光，覩者皆驚。」因此，歷代皇室對《藥師經》中所說消災延壽、伏怪催邪等神效，皆深信不疑，從而大力護持，奠定藥師信仰在韓國流傳的基礎。

韓國的藥師立佛世界最大

韓國的寺院幾乎都供奉藥師佛，即使不是主祀，也會在偏殿供奉，形成所謂的藥師殿，尤其在韓國大邱八公山地區，隨處可見藥師佛塑像，是藥師佛信仰的重鎮。擁有一千五百多年歷史的曹溪宗桐華寺，爲建於新羅時代的千年古刹，寺內有一尊全世界最大的藥師立佛，高三十三公尺、寬十六點五公尺。臥龍山百泉寺的三門處即是藥師佛與日光菩薩、月光菩薩的石碑，寺中更擁有全世界最大的藥師臥佛，這尊藥師臥佛長十三公尺、高四公尺，最特別的是臥佛身中還藏有一藥師堂，臥佛旁更有一手持藥師寶瓶的藥師童子塑像。

Question

13

西藏的藥師信仰有何特色？

藏傳佛教的藥師信仰十分盛行，而且是信仰、修行與醫學三者的結合。

寂護論師傳入藥師信仰

將藥師信仰傳入藏地的，是西元八世紀末進入西藏的著名印度佛教大師寂護，為藥師信仰的前弘期。當時藏王赤松德贊希望獲藥師佛加持使政權更鞏固，所以大力護持，按照寂護論師的指示修習，並承諾每月初八都修習藥師七佛儀軌，形成傳統，延續至今。藥師信仰在西元十一世紀，阿底峽尊者入藏後，又掀起另一高峰，進入藥師信仰的後弘期，四大教派皆十分護持，藥師信仰自此深入民間。

（郭莉蓁　攝）

《四部醫典》與藥師佛

藥師信仰在藏地流行，除了各派大師的弘揚外，另一原因是與西藏醫學緊密的結合。西元八世紀傑出藏醫宇妥寧瑪元丹貢布撰寫了醫學聖典《四部醫典》，正式名稱為《甘露要義八支祕密訣竅續》，記載在藥城善見城無量宮中，醫藥上師琉璃光王佛於定中化現「意生仙人」和「明智大仙」，書中便是以他們的對話為形式展開，將佛法的修持融於藥理之中，所以《四部醫典》的唐卡上，都繪有藥師佛，研讀此醫典也必須禮拜藥師佛。

拉薩布達拉宮的右側有座甲波日山，山上建有供奉藥師佛的寺院和藏醫學院，漢語稱為「藥王山」。西元十四世紀時，唐東傑布在此創辦藏醫藥學院，西元一六九七年，第司桑傑嘉措主持醫學利眾院開學典禮，為第一批學僧做《四部醫典》灌頂，從各寺院選拔優秀年輕僧侶住寺習醫九年。醫學利眾院每月祭祀會誦藥師佛經大小部等經典，諸佛護法懺悔儀軌，舉行藥師佛儀軌，將醫學與修行緊密結合在一起。

藏地常供奉藥師七佛或八佛（含釋迦牟尼佛），藏傳佛教徒相信修持藥師法門，會使所在地風調雨順，得到財富加持，十二藥叉大將與四大天王等護法也將守護行者，使一切恐懼怖畏、傳染病與業障病都快速消除。另外，修持藥師法門，應具足藥師的因地願行，如此不管持名、誦咒、觀想、結印，自然能趣入藥師法海，成就淨琉璃世界。現今藥師信仰在藏地興盛不墜，除了每月初八是藥師佛日外，也常舉辦藥師灌頂法會，深受大眾歡迎。

Question

14

泰緬地區的藥師信仰有何特色？

泰緬地區的藥師信仰，不像漢地擁有悠久的發展歷史，但是具有獨樹一格的特色。

緬甸藥師佛代表醫療之神

藥師信仰雖保存在南傳佛教中，但在緬甸，藥師佛造像卻十分少見，不過建於西元十八世紀的著名賓達雅石窟，供奉了一尊藥師佛。對緬甸人而言，藥師佛代表醫療之神，只要虔信藥師佛，即使是造作惡業之人，也能輪迴再生爲人，不墮入三惡道。

泰國藥師佛牌

在泰國，藥師佛稱爲「拍勁佛」（Pra Kring），就是「鈴佛」的意思，因爲他們在製作佛像時，會在身中加入一個珠子，當搖動時會發出鈴聲，寓意藥師佛藥壺裡有聖藥。

藥師信仰在泰國的流行，是近一百年的事，最先製作藥師佛牌的，是曼谷著名的善見寺（Wat Suthat），傳說在西元一九〇七年，泰國第十二任僧王善見寺住持龍波沈加拉劈的師父患了重病，病情垂危，他得知皇宮內收藏一尊從東方傳來的藥師佛，於是向泰王商借此佛像，後來他的師父奇蹟式地康復了。龍波沈加拉劈從此對藥師佛深信不疑，遂研究製作藥師佛牌，使得藥師信仰慢慢推廣至百姓之間。

在泰國，部分佛寺會發行一大一小的藥師佛牌（可配戴的佛像項鍊），大佛

（梁忠楠　攝）

牌有鈴聲，小的則無，所以小佛牌也稱為「拍猜越」（Pra Chaiwat），是戰勝、勝利的意思，除了原先治病祈求平安的利益外，又延伸出其他護佑功能，也使藥師佛在泰國廣受各行各業人士供奉。

2

藥師佛的東方淨土

Question

15

藥師佛的東方淨土有何特色？

佛陀於《藥師經》告訴文殊師利菩薩，距此世界十恆河沙國土以外的東方，有個名爲淨琉璃的世界，是藥師佛教化衆生的佛土，此即東方淨土，又稱琉璃光世界、琉璃世界、琉璃淨土、藥師淨土。

清淨的琉璃世界

藥師佛的東方淨土，與阿彌陀佛的西方淨土並列齊名，是依藥師佛因地本願，所成就的依報世界。據《藥師經》描述，東方淨土是非常清淨莊嚴的佛國世界，不但以淨琉璃爲大地，宮殿、樓宇等建築，也皆由金、銀、琉璃、瑪瑙等七寶所建成。在東方淨土中，沒有女人，沒有地獄、惡鬼、畜生三惡道，也沒有呻吟的苦聲。

（郭莉蓁　攝）

除了藥師佛，淨土裡還有日光遍照、月光遍照兩大菩薩，共同輔助藥師佛宣教，合稱為「藥師三尊」或「東方三聖」。誓願護持藥師法門的十二藥叉神將，也各自率領七千藥叉隨從兵將，護佑受持藥師佛名號的衆生。

願力加被娑婆世界衆生現世安樂

東方淨土與西方淨土相互輝映，但是攝化娑婆世界衆生的方法有所不同。印順長老在《淨土與禪》說：「西方淨土，從西方落日，生起清淨世界，阿彌陀佛，觀音、勢至二菩薩。這如太陽的落山，所以著重攝受衆生，作為死後的歸宿。……而東方是表示生長，是光明（神聖）的出現處。」東方淨土除了淨土的莊嚴與淨土衆生的福樂上進，還加被娑婆世界的衆生，像天上的日月光明照耀大地一樣。因此，東方淨土攝受此土衆生，不但死後得安穩，現生也能免除種種災難苦厄。

對於重視現世安樂、物質豐足、無災無難的人們來說，藥師佛的加被福澤，最切合現實人生所需。如同印順長老所說：「東方淨土，不但爲人間的理想國，在現實困迫災禍的人間，能蒙佛力的救護。這可見東方淨土的法門，是如何的廣大！」

Question

16

日光菩薩與月光菩薩和藥師佛有何關係？

日光遍照菩薩與月光遍照菩薩爲藥師佛的左右脇侍菩薩，皆是能接繼佛位的一生補處大菩薩，共同守護東方淨土的正法寶藏。

日光遍照菩薩又稱日光、日曜，日光遍照在佛法上表智慧，放射無量光明，普透一切宇宙生命，能自昏昧迷濛中醒覺。月光遍照菩薩又稱月光、月淨，月光遍照在佛法上表靜定，映現明澈清輝，包容大千世界衆生，免受貪、瞋、癡三毒逼惱。

日本覺禪法師於《覺禪鈔》曾引《藥師經疏》資料，相傳日光菩薩與月光菩薩在過去世，曾與藥師佛爲父子關係。當電光如來住世時，有一位梵士養育兩子。梵士因感於世間濁亂，便發菩提心，誓願拯救病苦衆生，二子也隨之發願。電光

（釋常鐸　攝）

日光菩薩與月光菩薩和藥師佛有何關係？

如來對此甚爲讚歎，勸梵士改名號爲醫王，二子改名爲日照、月照，發無上菩提大願，救度六道一切有情出輪迴苦。梵士成佛之後，即是藥師佛，當時的日照、月照，即是日光菩薩、月光菩薩，同依廣大誓願守護衆生。

Question 17

藥師十二神將是誰？

藥師十二神將，又稱十二藥叉大將、十二神王，爲誓願護持藥師佛的大力鬼神。他們雖然皆爲藥叉（夜叉），是飛行於空中的鬼神，但是在聽聞《藥師經》後，皆誓願守護誦持《藥師經》者，而成爲護法神將。

藥師十二神將包括：

1. **宮毘羅**：梵名意譯爲蛟龍，頂有金龍相。身呈黃色，手持寶杵。
2. **伐折羅**：梵名意譯爲金剛。身呈白色，手持寶劍。
3. **迷企羅**：梵名意譯爲金帶，因腰間束有金帶而得名。身呈黃色，手持寶棒或獨鈷。
4. **安底羅**：梵名意譯爲破空山，具有神力，能破碎大山。身呈綠色，手持寶鎚或寶珠。

5.頞儞羅：梵名意譯爲沉香，身具沉香香氣。身呈紅色，手持寶叉或矢。
6.珊底羅：梵名意譯爲螺髮，頭上冠有華髮如螺形。身呈煙色，手持寶劍或螺貝。
7.因達羅：梵名意譯爲能天主。身呈紅色，手持寶棍或鉾。
8.波夷羅：梵名意譯爲鯨，身形高大如鯨。身呈紅色，手持寶鎚或弓矢。
9.摩虎羅：梵名意譯爲蟒蛇，蟒蛇身而爲護法。身呈白色，手持寶斧。
10.真達羅：梵名意譯爲一角，頭上只有一角而得名。身呈黃色，手持羂索或寶棒。
11.招杜羅：梵名意譯爲嚴熾。身呈青色，手持寶鎚。
12.毘羯羅：梵名意譯爲善藝，工藝無人能及。身呈紅色，手持寶輪或三鈷。

每一神將各擁有七千藥叉隨從，計爲八萬四千護法神。因此，修持《藥師經》能得到廣大無邊的護法神共同守護。

Question 18

藥師佛如何成佛？

藥師佛於過去世行菩薩道時，感受穢土娑婆眾生所受的種種苦惱，悲憫而發十二大願，誓願救脫眾生一切病苦與厄難，因而依願修行成佛，成就東方淨琉璃世界的清淨佛土，接引各個國土的有緣眾生。

印順長老於《藥師經講記》，將十二大願以十二個標題詳述介紹：生佛平等願、開曉事業願、無盡資生願、安立大道願、戒行清淨願、諸根具足願、身心康樂願、轉女成男願、回邪歸正願、從縛得脫願、得妙飲食願、得妙衣具願。長老於《淨土與禪》書中勉勵人們：「淨土，是佛菩薩的清淨土，也是人間的理想國。……琉璃光如來，因中發十二大願，都是針對現實人間的缺陷而使之淨化，積極地表現了理想世界的情況。這對於人間，富有啓發性，即人間應依此爲理想而使其實現。」

（李東陽　攝）

惠敏法師則於〈鈔經本《藥師琉璃光如來本願功德經》解說〉一文，將藥師佛的十二大願簡要分為：

一、眾生與佛平等，身相莊嚴。
二、身琉璃光，開曉幽冥。
三、智慧方便，令眾無缺。
四、令邪歸正，導小向大。
五、具足戒行，毀犯清淨。
六、令諸殘疾，根具無苦。
七、令諸病苦，身心安樂。
八、轉女成男，證得菩提。
九、引攝魔外，正見修行。
十、令諸刑難，解脫憂苦。
十一、令諸飢渴，得妙飲食。

十二、令諸貧乏，得妙衣具。

藥師佛的十二大願，都離不開現世人間淨化與實踐，教導著人們如何正確認識人生。我們如能仰仗藥師佛的願力，稱念藥師佛聖號，學習藥師佛發願，將能清淨自身的身、口、意三業，成就心中的琉璃淨土。十二大願既是藥師佛建立東方淨琉璃世界的藍圖，也是我們學佛修行的成佛地圖。

Question

19

藥師佛第一大願爲何發生佛平等願？

藥師佛的第一大願是生佛平等願，希望眾生能與他一樣成佛，平等無別。

「願我來世得阿耨多羅三藐三菩提時，自身光明熾然照耀無量無數無邊世界，以三十二大丈夫相、八十隨形，莊嚴其身；令一切有情，如我無異。」藥師佛發願成佛時，自身能如熾盛火焰般大放光明，普遍照耀無量無數無邊世界，讓所有的有情眾生，皆能像他擁有莊嚴的三十二相、八十種好，修行成佛。

當藥師佛的第一大願實現時，可以說十方眾生如同爲十方如來了。眾生皆有佛性，只因爲煩惱無明所迷惑，所以才無法如佛大放光明智慧。如果我們能學藥師佛發願，放下所有的成見、好惡，一心希望所有的眾生和我們一樣平安快樂，我們的心光，便能如太陽一樣普照世界，溫暖眾生。

（梁忠楠　攝）

Question

20

藥師佛第二大願爲何發開曉事業願？

藥師佛的第二大願是開曉事業願，希望琉璃光普照衆生，成就一切事業。

「願我來世得菩提時，身如琉璃，內外明徹，淨無瑕穢，光明廣大，功德巍巍，身善安住，焰網莊嚴，過於日月；幽冥眾生，悉蒙開曉，隨意所趣，作諸事業。」藥師佛發願成佛時，身如琉璃，內外明淨，身體周邊的火焰常光超越日月，能照亮幽冥世界，讓衆生都光明智慧，成就一切事業志向。

衆生既然具有佛性，爲何無法活在光明的佛國淨土，反而像活在人間煉獄般苦難繁多？這是因爲衆生被煩惱障礙，如果能相信藥師佛的願力，便可實現一切所求，成就一切事業，如盲人得眼，以琉璃光消除黑暗，以智慧光消除愚昧。

Question

21

藥師佛第三大願為何發無盡資生願？

藥師佛的第三大願是無盡資生願，希望眾生的經濟生活不虞匱乏。

「願我來世得菩提時，以無量無邊智慧方便，令諸有情皆得無盡所受用物，莫令眾生有所乏少。」藥師佛發願成佛時，能以無量的智慧方便，提供無盡的充裕物質，讓眾生不必為生存，而偷竊、爭奪造惡業，能永息戰爭，和平相處。

當生活資源有限時，人們為求生存，便可能不擇手段搶奪資源。因此，藥師佛希望能滿足人們在世間的生活所需，進而安心修道。如果我們能知足常樂，常行布施，廣結善緣，便能學藥師佛所行，利樂眾生，並體會施者比受者更有福。因為受用的資源是有限的，而布施的心量與功德則是無限的。

（梁忠楠　攝）

Question

22

藥師佛第四大願爲何發安立大道願？

藥師佛的第四大願是安立大道願，希望衆生都具備正確知見，知因緣、信因果，安立於大乘佛教。

「願我來世得菩提時，若諸有情行邪道者，悉令安住菩提道中，若行聲聞、獨覺乘者，皆以大乘而安立之。」藥師佛發願成佛時，如有衆生誤信邪法、誤入邪道而造作惡業，會助他們步入佛道，建立正知正見。對於原本只想求自得解脫的聲聞、獨覺的修行者，將讓他們回歸於大乘佛教的度衆菩提心。

藥師佛的十二大願，願願皆爲衆生而發，願願皆是無窮無盡的大願。當我們能試著體會藥師佛的無盡願，就能找到諸佛的無盡藏。不爲自己求安樂，但願衆生得離苦，在利益衆生中成長自己，是最踏實的成佛之道。

菩薩摩訶薩亦復如是
天上黑栴檀香若燒一銖其香普熏小千世
界三千世界滿中珍寶所有價直皆不能及
菩薩摩訶薩菩提心香亦復如是一念功

（江思賢　攝）

Question

23 藥師佛第五大願爲何發戒行清淨願？

藥師佛的第五大願是戒行清淨願，希望眾生能具足菩薩三聚戒，即使犯戒也能恢復清淨。

「願我來世得菩提時，若有無量無邊有情，於我法中修行梵行，一切皆令得不缺戒，具三聚戒。設有毀犯，聞我名已，還得清淨，不墮惡趣。」藥師佛發願成佛時，所有隨他持戒修行者，都具足三聚戒：律儀戒（無一淨戒不持）、攝善法戒（無一善法不修）、攝眾生戒（無一眾生不度）。如有眾生因一時無明犯戒，只要聽聞藥師佛的名號，如法懺悔，便能回復戒行清淨，不墮落畜生、餓鬼、地獄三惡道。

（李東陽　攝）

如果沒有懺罪除惡的機會，人們可能萬念俱灰，而積重難返。聽聞藥師佛的名號，將能喚醒心中的光明與希望，眞心懺罪，透過佛的無邊功德力，身心澄淨如無瑕琉璃。

Question

24 藥師佛第六大願爲何發諸根具足願？

藥師佛的第六大願是諸根具足願，希望眾生能眼、耳、鼻、舌、身、意六根俱全。

「願我來世得菩提時，若諸有情，其身下劣，諸根不具，醜陋、頑愚、盲聾、瘖瘂、攣躄、背僂、白癩、癲狂、種種病苦；聞我名已，一切皆得端正黠慧。諸根完具，無諸疾苦。」藥師佛發願成佛時，眾生無論是患有重病、感官殘缺，或容貌醜陋、頑固愚昧、眼瞎、耳聾、聲音沙啞、啞巴、手蜷曲、腳蜷曲、駝背、癩病、發瘋，不管是哪種病苦，只要聽聞藥師佛的名號，皆得端正相貌，聰慧靈敏，所有感官完好無缺，沒有病苦。

患有先天性疾病的眾生，不但生活行動不便，也可能缺少自信，透過持誦藥

（梁忠楠　攝）

師佛的名號，能爲苦於身心疾患者，帶來希望與信心，重新點燃對美好生活的期盼。而對修行者來說，在祈求藥師佛時，要能坦然面對現前業果，除慚愧懺悔，並積極廣種福田，廣結善緣。

Question 25

藥師佛第七大願為何發身心康樂願？

藥師佛的第七大願是身心康樂願，希望眾生身心安樂，不受貧病之苦。

「願我來世得菩提時，若諸有情，眾病逼切，無救無歸，無醫無藥，無親無家，貧窮多苦，我之名號，一經其耳，眾病悉除，身心安樂，家屬資具，悉皆豐足，乃至證得無上菩提。」藥師佛發願成佛時，貧病交加的孤苦眾生，只要聽聞他的名號，便能身心安樂，享受溫暖親情與富足生活，直至成佛。

人如果貧無立錐之地，無依無靠，無錢治病，將難以修行。藥師佛悲憫貧苦眾生，而以願力加持豐足的家庭生活。如聖嚴法師推廣的四安生活主張：安心、安身、安家、安業，勉勵人要有安身立命之道。當全家人都能接觸佛法的慈悲之光、智慧之光，建立菩提家庭，全家都能身心康樂，得到究竟可靠的平安。

（梁忠楠　攝）

Question

26

藥師佛第八大願爲何發轉女成男願？

藥師佛的第八大願是轉女成男願，希望幫助厭離女身者，解脫痛苦。

「願我來世得菩提時，若有女人，爲女百惡之所逼惱，極生厭離，願捨女身；聞我名已，一切皆得轉女成男，具丈夫相，乃至證得無上菩提。」藥師佛發願成佛時，如有女性希望解脫身爲女性所產生的種種痛苦，捨棄女身轉爲男身，只要聽聞他的名號，便可轉女成男，具備莊嚴的大丈夫相，直至成佛。

佛法本是眾生平等，沒有性別歧視，但是現實社會的女性有生理、生育的痛苦，在重男輕女的傳統文化要承受不合理境遇。藥師佛因而慈悲女性的境遇，特發此願。在重視性別平權的現代世界，女性修行者可不再羨慕男性享有特權，但要修得內外圓融、平等無礙，需要透過佛法的修持，才能圓滿。

Question

27

藥師佛第九大願為何發回邪歸正願？

藥師佛的第九大願是回邪歸正願，希望眾生端正自心，脫離邪道，回歸佛道。

「願我來世得菩提時，令諸有情出魔罥網，解脫一切外道纏縛；若墮種種惡見稠林，皆當引攝置於正見，漸令修習諸菩薩行，速證無上正等菩提。」藥師佛發願成佛時，幫助眾生脫離魔道魔網，掙脫所有外道邪說的糾纏束縛，即使墮入惡見密林，也會引導他們建立正見，修學菩薩行，速證佛果。

藥師佛希望眾生成佛，但如果眾生依邪說邪見而活，以苦為樂，便無法開啓成佛的智慧。因此，藥師佛發願幫助誤入歧途的眾生建立正見，端正自心，回歸佛道，皈依佛、皈依法、皈依僧，成為正信的三寶弟子，學佛成佛。

Question

28

藥師佛第十大願爲何發從縛得脫願？

藥師佛的第十大願是從縛得脫願，希望幫助犯法者身心重獲自由。

「願我來世得菩提時，若諸有情王法所加，縛錄鞭撻，繫閉牢獄，或當刑戮，及餘無量災難凌辱，悲愁煎逼，身心受苦；若聞我名，以我福德威神力故，皆得解脫一切憂苦。」藥師佛發願當他成佛時，如有眾生犯法受禁或被冤枉，遭受綑綁鞭打、牢獄之災，或面對刑罰處死，以及其他種種苦痛折磨，只要聽聞藥師佛的名號，便可依憑佛力解脫所有的苦難。

對於受到法律制裁者，無論是因一時無明犯錯，或被冤枉入獄，身心備受煎熬。如能眞心懺悔祈請，改過不犯，藥師佛皆會幫助眾生解除磨難，重獲自由，身心自在。

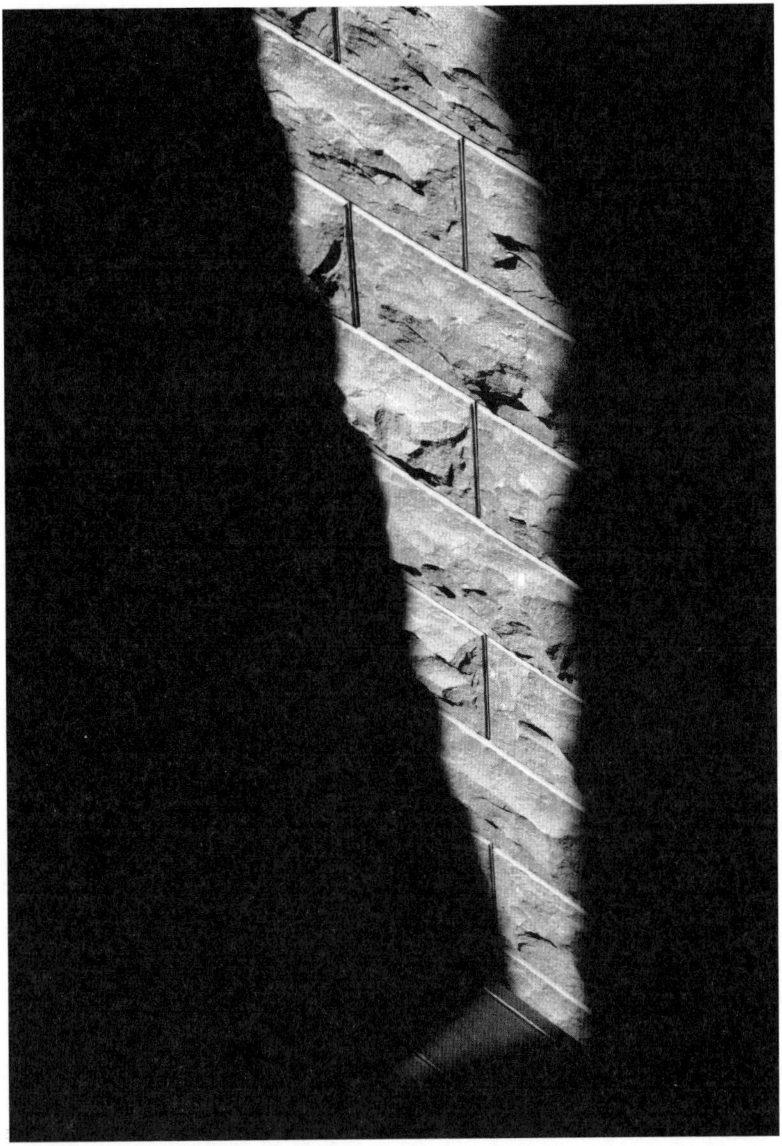

（鄧博仁　攝）

Question

29

藥師佛第十一大願為何發得妙飲食願？

藥師佛的第十一大願是得妙飲食願，希望眾生免因飢渴之苦而造惡業。

「願我來世得菩提時，若諸有情飢渴所惱，為求食故造諸惡業；得聞我名，專念受持，我當先以上妙飲食，飽足其身；後以法味，畢竟安樂而建立之。」藥師佛發願當他成佛時，所有眾生都能不為飢渴所苦，為爭奪飲食而造惡業，只要聽聞他的名號，便可得到美味飲食，不再飢火燒腸，並且在飽足之後，能受用清淨法味，得到究竟安樂。

當人三餐不得溫飽時，不但難有餘裕學佛修行，甚至可能飢寒起盜心，所以藥師佛滿足眾生最基本的飲食需求，希望人們能進而體會法味，法喜充滿！

（周禎和　攝）

Question 30

藥師佛第十二大願爲何發得妙衣具願？

藥師佛的第十二大願是得妙衣具願，希望衆生免受貧苦無衣、蚊蟲寒熱逼惱之苦。

「願我來世得菩提時，若諸有情貧無衣服，蚊虻寒熱，晝夜逼惱；若聞我名，專念受持，如其所好，即得種種上妙衣服，亦得一切寶莊嚴具，花鬘塗香，鼓樂衆伎，隨心所翫，皆令滿足。」藥師佛發願當他成佛時，所有衆生都能免受衣不蔽體之苦，不爲蚊蟲叮咬，不憂天氣冷熱，只要聽聞他的名號，便可得到上好的衣服，以及一切珍寶用具，甚至享有種種精緻裝飾與歌舞娛樂。

當人窮到連生活的基本需求都無法滿足時，欲望煩惱便會接踵而來。藥師佛不但滿足衆生的物質生活所需，甚至還能隨人的心意所求，皆令滿足。當生活環境得到改善，提昇了生活品質，便可透過修行來提昇心靈品質。最好的莊嚴身心方法，不是靠外在的華服豪車襯托，而是發願從內心改變自己與別人的生命，實踐六度萬行菩薩道。

（江思賢　攝）

3

學習藥師佛有方法

Question

31

藥師法門有何特色？

一般人普遍認爲，藥師法門的特色爲致福消災，如行矩法師爲《佛說藥師如來本願經》作序所說：「藥師如來本願經者，致福消災之要法也；……十二大願彰因行之弘遠，七寶莊嚴顯果德之純淨；憶念稱名則衆苦咸脫，祈請供養則諸願皆滿；至於病士求救應死更生，王者攘災轉禍爲福；信是消百怪之神符，除九橫之妙術矣。」然而，現世安樂只是協助修行的資糧，藥師法門的修行根本，在於幫助我們行菩薩道，速得成佛。

藥師法門四大重點

弘一大師於〈藥師如來法門一斑〉文中指出，藥師法門有四大重點：

一、**維持世法**

佛法以出世間爲歸趣，一般人因意義高深而難了解。藥師法門則不但論及出世間法，並特別注重現實人類生活的世間法。可知佛法能資助家庭社會的生活，維持國家世界的安寧，讓人在現世生活即可得佛法利益，不再誤解佛法是消極厭世的，無益於人類生活。

二、**輔助戒律**

佛法以戒爲根本，但是受戒容易，持戒不犯難。若能依藥師法門修持，可得上品圓滿的戒。若毀犯戒時，至心持念藥師佛號並禮敬供養，即可除罪還得清淨，不墮三惡道。

三、**決定生西**

修淨土宗者，若能兼修藥師法門，有資助決定生西的利益。塵世凡夫倘使多病、衣食住處困難，或遇天災人禍危難，皆爲用功辦道的障礙，若欲免除此等障礙，必須兼修藥師法門爲資助，即可得到《藥師經》「消災除難離苦得樂」等種種利益。

四、速得成佛

《藥師經》非專說世間法，藥師法門是一乘速得成佛的法門。經中屢說「速證無上正等菩提」、「速得圓滿」等。

弘一大師並勉勵人們，修此藥師法門必須發起悲智的弘願，如只注意資養現實人生，只能得人天福報；受戒不能得上品；生西也不能往生上品。如能以出世的精神來做世間的事業，既能得上品圓滿的戒，也能往生上品，將來速得成佛可無容疑了。

具三聚戒，
設有毀犯，
聞我名已，
還得清淨，
不墮惡趣。
第六願
願我來世得菩提時，
若諸有情，其身下劣，
諸根不具，醜陋頑愚，
盲聾瘖瘂，攣躄背僂，
白癩癲狂，種種病苦；
聞我名已，
一切皆得端正黠慧，
諸根完具，無諸疾苦。
第七願
願我來世得菩提時，
若諸有情，眾病逼切，
無救無歸，無醫無藥，
無親無家，貧窮多苦，
我之名號一經其耳，
眾病悉得除，身心安樂
家屬資具悉皆豐足，
乃至證得無上菩提。
第八願
願我來世得菩提時，
若有女人為女百惡之所
極生厭離，願捨女身，
聞我名已，
一切皆得轉女成男，

（江思賢　攝）

三種修持法門

印順長老根據《藥師經》中藥師佛濟拔眾生的種種利益，整理歸納出三大法門——聞名憶念、持咒治病、供養受持。每種方法都能獲得極大的利益，從現世的健康、安樂、富饒，到來世不墮惡道、生天，甚至成佛的保證。表面上，這些方法是滿足眾生的現實利益，但更深一層來看，是為了讓人沒有後顧之憂安心修行，這是藥師佛的善巧方便，可說是「先以欲鉤牽，後令入佛智」。

無論念佛、持咒或供養，都能讓人了解藥師佛的大願與種種善巧方便，而對世間的各種問題生起救拔的心，藉此也啓發著我們，除了祈請佛菩薩加持護念之外，更要學習藥師佛走入社會和人群，在自利利他中成就菩薩道，這才是修持藥師法門根本。

Question

32

如何修持藥師法門持名方法？

持名念佛可說是最簡易、隨時隨地都可以受持的一個法門，而《藥師經》中屢屢提到，且功德利益最爲廣大的就是念佛法門了。聞佛號、念佛名，不但能解脫一切疾苦憂患，還能遠離慳貪、毀犯見慢、嫉妒誹謗、咒詛鬥訟等四種惡法，並成就往生淨土、生天不墮、還生人間、轉生丈夫等四種善益。

播下一顆善念種子

爲什麼只是聽佛號、念佛號，就能有這麼多的好處呢？印順長老在《藥師經講記》中解釋，聽聞佛號，又稱作「聞熏習」，每聽一次佛號、每念一句佛號就像是在自己心中播下一顆善念種子，一旦遇到危難或者被各種煩惱障礙時，自然會憶念起藥師佛的慈悲和光明。

（鄧博仁　攝）

不過，佛號並非萬靈丹，雖然聞名念佛可以獲得藥師佛的加持，遠離惡法、持戒清淨等，但其根本是要透過佛號提醒自己轉化心念，生起慚愧、懺悔、感恩的心，幫助自己從貪心、慢心、嫉妒、瞋恨等煩惱束縛中走出來。例如《藥師經》中便提到，如果人際關係惡劣，經常有吵架、爭訟的情形發生，「一切展轉皆起慈心」，自己必須先生起慈悲心，用微笑、愛語相對，且安於自己所受的果報，才能遠離一切的瞋害，大家慈心相待，彼此安樂。

一般人持名習慣將「藥師琉璃光如來」稱念為「消災延壽藥師佛」，這個名號非出於佛教經典，而是中國佛教界的特定稱法。「消災延壽藥師佛」的稱號，最早見於佛教課誦本。由於佛教寺院要為齋主求長壽、求消災，因而出現「消災延壽藥師佛」的稱謂。而藥師佛的聖德並不只是消災、延壽而已，因此有人提倡要依照經典原名「藥師琉璃光如來」來稱念此佛，如此才能包括藥師佛的巍巍功德與熾然光明。

曾多次應邀講說藥師法門的弘一大師，在《藥師法門修持課儀略錄》中指出，稱念「消災延壽」雖然沒有不妥，卻無法具足藥師佛的悲願與德行，因爲藥師佛發願不只要消解眾生的疾患病苦，還要以琉璃光破除我們的無明煩惱，映現清淨本然的自性，所以應稱念「藥師琉璃光如來」，才能圓滿藥師佛的慈悲與智慧，如此一來，每稱念一句佛號也就蘊涵了佛菩薩廣大的願力與功德。當我們攝心於佛號，從內心憶念藥師佛的慈悲濟世的大願時，藥師佛的淨土便不在遙遠的東方，而是在我們的自性中相應綻放了。

聞名念佛，開啟自性寶藏

因此，《藥師經疏鈔擇要》提到：「念藥師佛名，內含三力：1.本有佛性力，如舟船。2.稱念彼佛力，如帆楫。3.佛願攝取力，如順風。」前兩者是自力，後者爲他力，持名念佛便是藉由佛菩薩的本願加持，幫助我們提起善念，開啓自己的自性寶藏。

Question

33

如何修持〈藥師咒〉？

〈藥師咒〉是藥師佛的根本咒，即是早晚課誦十小咒的〈藥師灌頂眞言〉。根據《認識咒語》一書作者林光明考證，玄奘法師所譯的《藥師經》原本沒有咒語，現在通行本所出現咒語的段落，應該是後人參照義淨法師的譯本，增補〈藥師咒〉的誦出因緣、咒文、持咒法及功效的部分。

除滅一切眾生苦惱

由《藥師經》的描述，可知〈藥師咒〉是藥師佛爲了解除眾生身心的病苦，入於「除滅一切眾生苦惱」三摩地而說的咒語，因此本經特別強調持咒治病的利益。經中說如果有親友生病，可以對著食物、藥品或淨水，至心誦持一〇八遍，再讓病人服食，以消除病苦、安樂身心。念咒除病，最好是由病人自己念誦，除非病情沉重無法自己修持，才由親友代為持念。

咒語是：

曩謨薄伽伐帝。鞞殺社。窶嚕薜琉璃。缽喇婆。喝囉闍也。怛他揭多也。阿囉喝帝。三藐三勃陀耶。怛姪他。唵。鞞殺逝。鞞殺逝。鞞殺社。三沒揭帝。娑訶。

咒語的意思為：禮敬世尊藥師琉璃光王如來、應供、正等覺，即說咒曰：唵，藥！藥！藥生起來！圓滿成就。

此咒上句是皈依藥師如來，祈求佛力加被；下句從「即說咒曰」開始為咒心，是祈請藥力治療一切眾生病苦，希望快速痊癒。

（李東陽　攝）

持咒體解藥王的本願

佛教雖然反對迷信咒術，但不排斥透過咒語來祈願，尤其咒語有總持善法、遮除惡法的意義，只要攝心誦持，自然能與藥師如來的慈悲願力感應道交。此咒的修持，可以坐念或經行持咒，如果時間有限，也可以專持咒心的部分，但最重要的工夫仍在於專誠懇切、恆久受持，此點和念佛是相通的。

太虛大師在《藥師本願經講記》中也說，藥師佛由大願起大悲、入大定、放大智光而說咒，因此咒語本身便含攝了藥師如來的悲與智，尤其咒心連續以三個「藥」字貫穿，前兩個「藥」是動詞、第三個「藥」是名詞，即「以藥藥之」之藥，含有醫治自病、他病的意思。雖然咒語向來被視爲祕密語而不翻譯，但了解這層涵義之後，持咒時更能深切體會大醫王佛自度、度他的本願。

Question

34

如何供養藥師佛？

《藥師經》所提的供養法門，修持方法是以各種花、香、音樂供養佛像，鈔經並受持學習，或者供養法師，其中，受持經典的部分，除了鈔經，還有閱讀、背誦、為他人講說等方式。經中也揉合這些法行，提出供養受持的儀軌，包括：塑畫形像、供養經典、受持讀誦、思解經義、開示演說等，而這也構成了當代藥師法會的基本輪廓。

諸佛護念，消災增福

修持供養法門好處甚多，不但有諸佛護念，免除各種災異、怖畏、國亂，還能得到長壽、富饒、官位、兒女等四種福報，但印順長老也提醒，廣修供養是要讓我們從內心對佛、法、僧三寶生起恭敬、虔敬的心，並因此聽聞、讀誦、受持經義，進而思惟、修證。

長養法身慧命

所謂的供養受持，並不是請一尊佛或一部《藥師經》回家安奉在佛堂，而是要能深入藥師佛的本願，從中咀嚼法義，在現實生活中建設人間淨土。尤其經中鼓勵從自己受持，到勸請他人書寫，並爲他人演說、開示經文要義，自利利他的精神，也讓藥師法門的修持不局限於消災延生，更長養了我們的法身慧命。

（李蓉生　攝）

Question

35

《藥師經》的內容說什麼？

《藥師琉璃光如來本願功德經》，簡稱《藥師經》，經文描繪了東方琉璃淨土，宣說藥師如來的本願功德。《藥師經》是佛陀遊化恆河一帶，在廣嚴城（即毘舍離）外的樂音樹林下所說的法；是佛陀宣說西方彌陀極樂淨土後，應文殊師利菩薩的請求，繼說東方藥師琉璃淨土的一部佛法要典。

現世得安樂

依《藥師經》所言，東方琉璃世界在距此十恆河沙國土以東，有佛土名爲淨琉璃，其佛號爲藥師琉璃光如來。不同於一般的淨土法門，只強調臨終往生淨土，在經中，莊嚴清淨的東方琉璃世界是藥師佛因地本願所證成的世界，爲疾苦交加的衆生帶來了現世安樂。

印順長老在《成佛之道》一書指出，十二大願是藥師佛未成佛前行菩薩道所發的大願，目的在：開發衆生的知識，促進事業；救治身體殘廢，獲得豐富的衣食康樂；不信邪說外道，不犯法受刑，使一切衆生成佛。他說：「以這樣的願行，在『東方』世界，『現』起與極樂世界一樣清淨，一樣莊嚴的淨琉璃『淨土』。」強調《藥師經》的淨土法門，決非求死後的安樂，而是離不開現世人間，只要依藥師如來的本願來行願，在有生之年就能看到現世利益。

佛陀在世時，摩揭陀國韋提希夫人深感世事的痛苦，不願再轉生這個世界，所以佛陀爲她說極樂淨土，弘揚彌陀淨土法門；但對於現實人間——如身體健康、家庭和樂，並沒有厭棄心，爲了攝護這一類「不捨現法樂」的初心學人，也能「向於菩提」，於是佛陀又開示藥師佛的淨土，充分顯出了後世樂與現法樂的差別。

（李東陽　攝）

如法修持藥師法門

經文在說完十二大願後，並以西方極樂淨土比喻東方琉璃淨土的莊嚴殊勝，以日光、月光二菩薩的功德智慧輝映藥師如來的果德。接下來開示三種方便法門，以幫助衆生離惡趨善：憶念佛名法門、持咒法門、供養法門。

這些方法是信仰、皈依藥師佛的具體方法，與現世生有關，經由自身的身、口、意三業改善生命。以憶念佛名爲例，所離的惡法，都是來自貪、瞋、癡、慢等宿世的習性，以及知見上的錯誤，必須透過聽聞藥師佛聖號，進而至心稱念，如法修持，逐漸轉變心量，才能成就利益。

經文最後重申藥師佛的功德願行是不可思議，無法衡量，並透過弟子阿難尊者與救脫菩薩的一問一答來普示大衆，要藉由對佛生起信心才能去了解。

事實上，《藥師經》從一開始淨土的分析，到十二大願的闡述，再到行門的提示，都離不開現世人間，在在教導人如何正確認識人生，於現世混亂中求得安定與清淨，解脫眾苦，是切實關注人生的安樂大法，而這也正是本經最殊勝的妙趣。

Question 36

《藥師經》有哪些譯本？

現今漢傳佛教對於《藥師經》的了解，多依唐代玄奘法師所譯的《藥師琉璃光如來本願功德經》。

五個中國譯本

本經在中國的傳譯先後有五個譯本，分別是：

1. 東晉帛尸梨蜜多羅法師譯本，名《佛說灌頂拔除過罪生死得度經》，附於《佛說灌頂大神咒經》最後一卷。
2. 南北朝劉宋時慧簡法師譯本，名《藥師琉璃光經》。
3. 隋代達摩笈多法師譯本，名《佛說藥師如來本願經》。
4. 唐代玄奘法師譯本，名《藥師琉璃光如來本願功德經》。

5.唐代義淨法師譯本，名《佛說藥師琉璃光七佛本願功德經》。

其中，慧簡法師所譯的《藥師琉璃光經》已經佚失，前三種譯本內容大致相同，聚焦在藥師如來一佛，唯有義淨法師譯本擴充到藥師七佛，內容較玄奘法師以及之前的譯本為廣。現行流通的《藥師經》為玄奘法師譯本，其中藥師佛所說的神咒一段，是後人從義淨法師譯本中增加進去的，八大菩薩名號則取自帛尸梨蜜多羅法師譯本補入。

經題的三個名稱

本經的經題，據佛說有三個名稱：1.藥師琉璃光如來本願功德；2.十二神將饒益有情結願神咒；3.拔除一切業障。現在流通的本經，是以第一名稱為經題。因為拔除一切業障，就是藥師如來本願功德的力量，而從經名上看，這是一部宣說藥師琉璃光如來過去所發的誓願，和依此願力而具有功德的經典。

Question 37

十二藥叉大將修法和藥師法門有何關係？

《藥師經》又名《十二神將饒益有情經》，可見十二神將和藥師法門的關係密切。十二神將即是十二藥叉大將，是守護藥師法門的重要護法神，他們發願守護流布《藥師經》與受持藥師佛名號者：

1. 解脫一切苦難。
2. 諸有願求，悉令滿足。
3. 以五色縷，結十二藥叉大將名字，得如願已，然後解結。

十二藥叉大將修法，也有人稱爲十二藥叉大將結名祈願法，爲佛教的解厄難法。據印順長老於《藥師經講記》所說：「這是祈求消除病難的一種特殊方法。關於打結，向來有兩種說法：一說用五色絲線織成十二個藥叉大將的名字；一說稱念一位藥叉大將的名字，就用五色絲線打一個結，如次念十二名字，打十二個結。

兩者比較起來，後說簡便而近情。這打結辦法，可說是一種互通信息的工具。……念一大將名字打一個結，即是請其護持的表示。待病患痊愈，厄難息除，然後將結解開。」

雖然十二神將的守護力無遠弗屆，不只生病可求助十二神將，如有心願也可結五色縷祈願，但是不能忘記十二神將是佛教的守護神，所守護的是佛法與修行者。與其一直祈求世間福報，更應守護自己得之不易的學佛因緣，願與十二神將共同護佛法城、續佛慧命。

Question

38 如何參加藥師法會？

《藥師經》提供的修持方法很多種，除了持咒治病，化解長期受病痛折磨，或其他水災、火災、疾疫、戰爭等災厄危難；《藥師經》也提出延壽、免難的具體方法，包括受持八分齋戒、造立佛像七尊、禮拜供養、誦經、燃七七四十九盞長明燈、懸續命幡、放生等七門儀軌。

法會共修自利利他

由於《藥師經》所載的儀軌過於繁複，一般人恐怕無法獨力完成造像、懸幡等佛事，參加藥師法會的共修，可以說是最爲方便的自利利他妙法。

藥師信仰的經典和儀軌行法，收錄在《大正藏》多達二十五種。關於藥師信

（江思賢　攝）

仰的法會很多，現今最普遍的是藥師法會與禮藥師懺。藥師法會通常舉辦於農曆九月三十日藥師佛誕日，除此之外，也有寺院道場每個月固定舉辦。可以先透過網路搜索查詢法會舉辦日期，或是電話詢問寺院知客處。

體驗清淨的琉璃世界

藥師法會的內容，以誦讀《藥師經》、讚誦藥師佛十二大願，起信東方淨土，觸發救度眾生現生疾苦災難的願心為主。藥師法會的儀軌，通常為：禮敬、發願、供養、誦經、讚偈、持咒、迴向、發願，引導參與者逐漸收攝身心，全心體會藥師佛純淨無瑕的琉璃世界。

要掌握藥師法會的精神，必須認識藥師佛的願力。在《藥師經》中，藥師佛的十二大願，不但解除各種橫禍災難，並救濟眾生的困厄身心，可以說藥師佛的願力，回應了人們對幸福生活與美好世界的嚮往。

如何讓我們的社會環境能如琉璃世界一樣清淨美善呢？其實，每一位參與法會者，都是成就人間琉璃淨土的力量，可以經由一次次的法會洗禮，將願力與感動帶回生活中，改變自己，也改善世界。

Question

39

如何修持藥師懺？

藥師懺是依據《藥師如來本願功德經》而製成的一種懺法，透過修持藥師法門來懺悔罪障，並增福延壽。

懺罪消業心清淨

藥師法門的修持，注重他力、自力並濟，既依於對藥師佛至誠懇切的皈依，得其願力救拔；也依於對自己身、口、意的清醒覺照，領受正法、持守淨戒，方能眞正相應消災除厄的庇佑。而依《藥師經》所製的藥師懺，則蘊藏祖師大德的悲心，方便我們能眞正從心悔過懺罪，契入法理，清淨身、口、意。

目前所知的藥師懺有三種，皆出於明末清初時期：

1.《藥師三昧行法》：受登法師所撰。
2.《消災延壽藥師懺法》：撰者佚名。
3.《藥師懺法》：見月律師所撰。

《藥師三昧行法》的內容包括：定名第一、勸修第二、方法第三（嚴道場、淨三業、修供養、請三寶諸天、讚歎、禮敬、發願持咒、懺悔、行道旋繞、思惟義處），文末並有釋疑。

第一項定名，爲敘述藥師三昧名稱緣由。第二項勸修，爲勸諫修習藥師三昧，所求長壽、富饒、官位、男女等，皆得如願。第三項方法，爲說明修習懺法的方法。最後的釋疑，則是解說極樂淨土與琉璃淨土優劣之疑，以肯定和宣揚琉璃淨土與藥師法門的殊勝。

（釋常參　攝）

由於後人認爲《藥師三昧行法》文字過於繁瑣、行儀過於簡略，於是重新編纂《消災延壽藥師懺法》三卷懺法。《消災延壽藥師懺法》的內容爲：1.嚴淨壇場；2.香讚；3.宣讀文疏；4.念誦懺文；5.藥師讚；6.發願迴向；7.結壇。目前盛行的《慈悲藥師寶懺》，傳說爲見月律師所撰，但是由於懺本已佚失，所以無法確認作者究竟爲誰。

深入體會懺法的法味

參加藥師懺最好能每月固定參加法會共修，持之以恆。修持懺法的最大要領，不在於參加次數多寡，而是對於懺法體會的深淺，深入體會與思考所參加的懺法內容，才能達到懺罪除障的功能，不爲煩惱所迷惑，心開意解，優遊藥師願海。

Question

40 如何求生藥師淨土？

求生淨土必須具備願力與功德力，求生藥師淨土的最基本條件是發願往生，並修稱名、持咒、供養等諸功德。

雖然佛陀鼓勵大眾求生藥師淨土，於《藥師經》說：「諸有信心善男子、善女人等，應當願生彼佛世界。」可是藥師法門本身並不注重往生藥師淨土，很少提及往生法門，比較重視現世拔苦安樂，這也可說是藥師法門的特色。如聖嚴法師〈淨土思想之考察〉一文所說：「藥師佛的功德，與其說是鼓勵眾生求生琉璃光淨土，倒不如說旨在救濟眾生現生的疾苦災難。」

然而，佛陀於《佛說灌頂經》告訴文殊菩薩，欲求生十方佛土或生兜率天見彌勒者，都要禮敬藥師佛。就經典所說的往生藥師淨土方法，可分為三大類：

一、持八分齋戒

八分齋戒，即是八關戒齋，持守的八種戒條為：1.不殺生；2.不偷盜；3.不非梵行（不淫）；4.不妄語；5.不飲酒；6.不著香花鬘，不香油塗身；不歌舞倡伎，不故往觀聽；7.不坐臥高廣大床；8.不非時食。很多經典都提及持八關戒齋的功德，得以往生淨土。

持八分齋戒願生西方淨土而沒有把握的眾生，由於聽聞藥師佛的名號，至心稱念，可依此感得文殊師利等八大菩薩引導，往生淨土。但是《藥師經》沒有明確說接引往生的去處是彌陀淨土或藥師淨土，通常認為是彌陀淨土。

二、誦持、書寫、供養密咒

《藥師琉璃光七佛本願功德經》中說，持〈藥師咒〉或〈如來定力琉璃光咒〉等咒，皆有往生淨土的功德。除此之外，書寫、供養也同具此往生功德。經中甚

（許朝益　攝）

至說，可以「彼諸佛土，隨意受生」，既可隨意選擇想往生的佛土，往生藥師淨土自然能滿願。

三、聞佛名號

《藥師經》中不斷述說聽聞藥師佛聖號的殊勝功德，其中也包括臨命終時，可得八大菩薩迎接往生淨土。平日如能多持誦藥師佛聖號，可幫助加強往生藥師淨土信念。

藥師佛的大願，雖然重視滿足眾生的現世安樂，但是究竟之道，仍爲協助眾生證得菩提，圓滿成佛。修持藥師法門，無論是否發願往生藥師淨土，皆應依著藥師佛的大願，建立我們的人生淨土，成就清淨美好的光明世界。

4

琉璃光明眾病悉除

Question

41

藥師信仰是否與現代醫學衝突？

有些人將佛教信仰與鬼神迷信混爲一談，而誤以爲藥師信仰是不合科學的迷信，會延誤就醫。其實，無論是向哪一尊佛菩薩祈求平安，佛教都會建議佛弟子要循規範醫療之途就醫，既要相信佛菩薩，也要相信因果、因緣法則。如聖嚴法師對生病的人，總是勉勵：「把身體交給醫生，把性命交給佛菩薩。」

迷信是盲信，正信則有三種信心層次，就藥師信仰來說：

1. 仰信：因仰慕而相信藥師佛，對佛、法、僧三寶深信不疑，相信透過信仰三寶和修持藥師法門，能改變自己的人生。

2. 解信：因體會佛法的義理和藥師法門的內涵而對佛法產生的信心，透過閱讀《藥師經》和聽聞佛法開示，學習正確的佛法觀念，願意信受奉行，從而建立對藥師信仰的信心。

3.證信：經由修持藥師法門的實證，體驗佛法的妙處而生信心，證實藥師佛所說不虛。

因此，藥師信仰不會讓人落入迷信的四大陷阱：盲目崇拜、不合情理、似是而非、邪正不分，反而能釐清生命的意義與方向，用佛法來實踐生命道路。病苦，是人生的修行功課。藥師佛所開的法藥，不論藥效是癒病或消災，皆爲體察衆生的種種病情，而施設運用。藥師信仰雖然重視現世安樂，但最終仍導歸於解脫生死成佛道，所以修持藥師法門者，能不畏苦、不憂病，坦然承擔生病業報，接受現代的醫學治療，也以佛法消滅業障，解脫生死輪迴苦。

佛法的人生觀、生死觀，對於醫學和人們都可以提供不同面向的啓發。佛教認爲生、老、病、死的無常變化，是必然的現象，透過觀照病苦的機會，可以體會人生苦、空、無常、無我，從而超越對身體、自我的執著，心無罣礙地自在生

（林佳慧　攝）

活。雖然生、老、病、死不可免，但在活著的當下，要用心生活，珍惜生命，把握奉獻自我、成就大眾的現世人生機會，這是藥師法門予人的積極人生祝福。

Question

42

身體生病才需要修持藥師法門嗎？

一般人不但往往「人在福中不知福」，其實也「人在病中不知病」。不只身體會生病，心也會生病。我們的心如果病了，將容易充滿憤怒、嫉妒、恐懼……，看不到光明的世界，總是看到陰暗的角落。

心清淨，世界就充滿光明

《維摩經》說「心垢故眾生垢，心淨故眾生淨」，又說「隨其心淨，則佛土淨」，當我們的心清淨時，所見的環境便是清淨的，所在的世界便是光明的。因此，找到安心的方法非常重要，讓自己隨時隨地都能感到平安，活得有希望、有意義。

（許朝益　攝）

在忙碌的生活裡，如何隨時隨地點亮心中的光明燈，讓自己得到平安呢？持念「南無藥師琉璃光如來」聖號是最方便的妙法，心中有佛，自然念念光明，處處平安。與其讓心隨著外境起伏不安，不如念佛回到自心的琉璃淨土，當心安定了、光明了，也能帶給別人安心的力量。

修持藥師法門定課

然而，要練就心不隨境轉的本領，最好的方式還是修持藥師法門定課。無論是持誦《藥師經》、藥師佛號或〈藥師咒〉，透過在固定的時段用功，可讓我們每日都有潔淨一身煩惱的機會，如散盡煩惱烏雲的皎潔月光，用心光照亮我們的家人、朋友與世界。

Question

43

藥師佛如何爲眾生治病？

藥師佛爲眾生治病，可分爲治本與治標：

一、治本

治本是靠自力救濟，藥師佛引導眾生皈依佛、法、僧三寶，相信因緣果報，修持戒、定、慧三學，斷除煩惱，身心清淨，解脫生死，學佛成佛。

二、治標

治標是靠佛力救濟，生命垂危、重病難治、災禍連連等急症，可祈求藥師佛解燃眉之急，幫助自己安定身心。藥師法門的消災延壽，即是爲幫眾生先度過難關，再接引入佛道。

（楊英風藝術研究中心提供）

藥師佛能對機說法，應病與藥，如同世間的醫師對症開方、依病配藥。竺摩長老於《藥師淨法講要》指出，世間的藥物有植物、礦物、動物三種原料，藥師佛的法藥也有三種原料：

一、經、律、論

經詮定學，主治瞋病；律詮戒學，主治貪病；論詮慧學，主治癡病。以上就其偏勝強項而說，其實戒、定、慧三學皆能治療貪、瞋、癡三毒。

二、五乘、三乘、一乘

五乘的五乘法，可治人間的五惡十逆之病；天乘的十善法，可治四禪八定的散心之病；三乘的聲聞、緣覺，依四諦因緣法，解脫煩惱生死之病；菩薩依六度四攝等法，解脫根本無明、變易生死之病。

三、**陀羅尼**

陀羅尼即是咒語，梵文譯爲總持，總一切法，持一切義；也稱遮持，遮一切惡病，持一切善法。持〈藥師咒〉，能消災增福，除障延壽，有起死回生的功效。

Question

44

爲何藥師佛願力無邊，世間仍有疾病？

竺摩長老於《藥師淨法講要》說：「我們人類眾生，在身體的生理上有三種病，是老、病、死；在心理上也有三種病，是貪、瞋、癡。」

百病叢生的原因

我們的病是從什麼地方來呢？如《維摩經》所說：「從癡有愛，則我病生。」此即從心理上引起貪、瞋、癡三毒之病，佛爲治療三毒之病，所以施設戒、定、慧三學之法。心病康復了，從煩惱心而起的老、病、死的身病，自然也就解脫了。這也是我們之所以稱佛爲大藥師、大醫王的原因。

藥師佛以廣大無邊的願力，爲眾生施設種種法藥，希望能解三毒之病，解生死之病。但是再好的醫術、再好的妙藥，如果眾生不就醫服藥，良醫也無能為力。如果不用功修行，眞心懺悔，總是遇到困難時，才「臨時抱佛腳」，災難一過，便又故態復萌，便只能「頭痛醫頭，腳痛醫腳」，不能斷除病根。

業不重不生娑婆

所謂「業不重不生娑婆，障不重不為凡夫」，因為業障重，所以才生在娑婆世界，才在三界中輪迴。《藥師經》又稱《拔除一切業障經》，我們如果能跳脫唯求一時消災解厄的思惟，而以慚愧心、懺悔心來用功修持藥師法門，透過修行來淨化自我，將可漸漸轉染為淨，終能拔除一切業障，不為生死病所苦，反能乘願來去六道度眾生。

（郭莉蓁　攝）

Question

45

藥師佛能救哪九種橫死災難？

橫死是指非正常死亡，如自殺、被害或意外事故等原因致死，還有今生壽期未到而提早死亡。依據《藥師經》所說，藥師佛可救九種橫死，九橫包括：

1. 得病雖輕，然無醫藥，及看病者。設復遇醫，授以非藥。實不應死，而便橫死。又信世間邪魔外道，妖孽之師，妄說禍福，便生恐動，心不自正，卜問覓禍。殺種種眾生，解奏神明，呼諸魍魎，請乞福祐，欲冀延年，終不能得。愚癡迷惑，信邪倒見，遂令橫死，入於地獄，無有出期，是名初橫。
2. 橫被王法之所誅戮。
3. 畋獵嬉戲，耽淫嗜酒，放逸無度，橫為非人奪其精氣。
4. 橫為火焚。
5. 橫為水溺。

6.橫爲種種惡獸所噉。
7.橫墮山崖。
8.橫爲毒藥、厭禱、咒詛、起屍鬼等之所中害。
9.飢渴所困，不得飲食，而便橫死。

這九種非壽終正寢的死亡，常見於社會新聞，無論是水災、火災、地震、中毒、車禍……，或是突生重病、怪病，皆讓人無法防範，手足無措。人生再怎麼攀登高峰，遇此九橫也要含恨而終，幸有藥師如來的佛力加持，能讓眾生逢凶化吉，絕地逢生。

Question 46

修藥師法門可以長壽不老嗎？

中國人自古以來喜歡追求長生不死、長壽康寧，藥師佛的靈丹妙藥是不死之藥嗎？

消災延壽無法了生死

救脫菩薩在《藥師經》中，提到造藥師如來像，誦讀《藥師經》、燃七層燈、懸五色幡，可延壽續命、解脫衆難，阿難尊者對此感到疑惑，而向救脫菩薩提問：「云何已盡之命，而可增益？」確實，如果每個人都消災延壽，免厄除難，豈不都成爲無量壽，都解脫了生死？對此，救脫菩薩解說「九橫死」，對於九種不該死而死的災禍，佛提供續命方法，勸衆生廣修善業福德。

（梁忠楠　攝）

然而，救脫菩薩與阿難尊者這段對話的寓意，暗示祈願式的藥師法門雖能消災延壽，終究無法解決生死問題。生死問題必須要透過佛法的智慧，對生命的無常、無我有所體會，才能心開意解。

提供修學佛法的信心

儘管如此，《藥師經》提供了宗教信仰上的光明與信心，而修行佛法以信心爲先，有信心，心才能清淨安定，進而深切地領受佛法的智慧。不論是王法、火焚、水溺、毒藥、詛咒等橫死，所解決的，畢竟都還只是現世的問題災厄，尚無法了斷生死煩惱，必須導入智慧修行法門。

Question

47

生病點藥師燈有用嗎？

當親朋好友生病時，可能會有人建議點藥師燈祈福消災，相信藥師燈能讓人身體健康，消除病痛，延年益壽。《藥師經》中，確實多次提到點燈的修法，比如若有病人欲脫病苦，應爲他點燈，但是點燈最重要的意義，要點亮心燈、法燈，才能點燃生命的希望。

點燈的福德與功德

佛教的點光明燈儀式，含有深刻的法義，不同於民間信仰的花錢消災、改運祈福心態。佛教所點的光明燈，又稱爲長明燈、無盡燈，不分晝夜地恆常點燃。點燈不只有《藥師經》所提的治病消災功德，在許多經典都提及供燈的其他福報，如《佛爲首迦長者說業報差別經》說點燈有十種功德：1.照世如燈；2.隨所生處，肉眼不壞；3.得於天眼；4.於善、惡法，得善智慧；5.除滅大闇；6.得智慧明；7.流轉世間，常不在於黑闇之處；8.具大福報；9.命終生天；10.速證涅槃。這些益處不只是一生的世間福德，更有照破生死無明的智慧功德。

點亮光明智慧

佛教將光明分爲兩種，即色光與心光。色光也稱身光，爲佛菩薩全身所放出的光明，如藥師琉璃光如來的琉璃光。心光也稱智慧光，佛法的智慧像燈光能照破衆生的陰暗煩惱。因此，點藥師燈一方面是祈求藥師佛放光加持、消除業障；另一方面是提醒自己要用功修行，增長福報和智慧，累積成佛的資糧。點燈時的一念善願，其實已爲自己和親友種下未來得度的因緣。

點藥師燈雖有消災祈福效果，也能幫助安定身心，但是從佛法的因果、緣起觀來看，疾病屬於個人的業報，如果因緣未盡，還是需要接受與承擔果報，並非

（許朝益　攝）

點燈就能不受報。然而，經由點燃藥師燈點亮了心，點亮了智慧光明，就能知道自己無明的原因，轉惡念爲善念，調整身心行爲，自能轉惡緣爲善緣、法緣，從而消災解厄，平安快樂。

Question

48

藥師法門能化解國家疫情危機嗎？

根據《藥師經》所說，藥師法門能化解七種國家災難：人衆疾疫難、他國侵逼難、自界叛逆難、星宿變怪難、日月薄蝕難、非時風雨難、過時不雨難；以及九種個人橫死：得病無醫、王法誅戮、非人奪精氣、火焚、水溺、惡獸噉、墮崖、毒藥咒詛、飢渴所困。

解難消災保平安

國家七難的第一難「人衆疾疫難」，即是瘟疫、傳染病一類疫病災難，會快速傳播，造成大量民衆生病與死亡，帶來社會不安，影響國家運作。而個人九橫的第一橫「得病無醫」，狀況不明的疫情，無藥可治或遭誤診，都屬於此類意外死亡。這些都能透過修持藥師法門，得到藥師佛的救濟，解難消災。

（賴彥文　攝）

共業和別業

然而，爲什麼會發生疫情呢？無論是國家危機和一己生死的災厄，其實都是團體的共業與個人的別業所共同交織出的命運，沒有人可以置身事外，免於受報。佛教稱貪、瞋、癡煩惱爲三毒，當人們都貪得無厭、爭權奪利、自私自利，其實就是集體社會中毒，解毒的最好方法，就是學藥師佛發願，透過彼此祝福、共同分享，讓社會沒有人會挨餓受凍、會被霸凌歧視、會孤苦無依，人人互相點燈照亮前路。

Question

49

汙染嚴重的世界，如何轉煩惱心爲琉璃心？

現代人已過著藥師佛大願所允諾的豐衣足食生活，卻無法因而安心生活，如果可以遇見藥師佛，人們眞正想要的應是佛的琉璃心，清淨透光沒有煩惱。

清心自在過生活

每天上下班，呼吸著遭受汙染的空氣、聽著車水馬龍的喧囂，手機整天接收著各種煩心的資訊，連喝口水、吃口飯都不安心，無法確定飲食是否也被汙染了。活在傷害身心健康的汙染環境裡，比起各種奢華享受，我們所需要的只是呼吸新鮮的空氣、安心吃頓飯、安靜睡個覺，清心自在過生活。

心靈環保可說是現代的藥師佛妙藥，可以讓我們心無煩惱如琉璃，聖嚴法師於〈人間淨土的環保〉一文說：「心靈環保其實很簡單，就是心理衛生、心理健康，如何使我們自己清淨、安定，進而影響協助他人生活愉快，這就是心靈環保的目的。『人間淨土』就是這個樣子。」

心靈環保的琉璃心

心靈環保的琉璃心，先要從改變觀念入手，不再負面思考。聖嚴法師在〈心靈環保——慈悲沒有敵人，智慧不起煩惱〉文中，提供四種調心步驟：

1.凡事應作正面的認知，便可避免負面的危機和悲觀的情緒。

2.凡事宜作逆向思考，便可做到勝而不驕傲，敗而不氣餒。

3.凡事應知進退有度，能收能放而收放自如。

4.不論成敗，宜將自我的私利和私欲看空，要將對於國家、民族、乃至全人類的安危禍福的責任，一肩擔起，這便是一個有智慧和慈悲的人了。

除了調整觀念，尚須練習方法，例如透過禪修放鬆身心、體驗身心、統一身心、放下身心。而在修持藥師法門的當下，不論是稱念佛號、持咒、誦經、拜懺，或以善念布施助人，當我們心清淨了，就能體驗：一念清淨一念佛，念念清淨念念佛。一念琉璃一念光明，念念琉璃念念光明。

（梁忠楠　攝）

汙染嚴重的世界，如何轉煩惱心為琉璃心？

Question

50 如何依藥師淨土實現人間淨土？

想在人間以琉璃為地，以七寶為樓，建造藥師佛的東方淨琉璃世界，在建設上是有其現實困難的，但是我們可以開發人人心中的光明，成就充滿希望與快樂的光明世界。

用光明心點亮自己、點亮世界

藥師佛發願成佛時，自身光明，熾然照耀無數世界，我們雖然無法身如琉璃，內外明徹，但是可以時時發願、念念祝福，用內心的光明點亮自己、點亮世界。個人的力量即使只如小小螢火，團結的力量卻能成就光海。如聖嚴法師所說：「每人每天多說一句好話，多做一件好事，所有小小的好，成就為一個大大的好。」

清末民初時期，不只中國社會風雨飄搖，佛教也面臨生死存亡，幸而在最艱難的時代，也是佛教大師輩出的時代，他們憑著願力，改變社會風氣也改寫佛教歷史。例如太虛大師便提出依藥師淨土建立新中國和人間淨土的主張，認為藥師佛以利生大願，成就淨土，度化眾生，不但是中國的理想國願景，也是全地球人類的理想國願景。

太虛大師認為藥師佛的現世救度即是要成就人間淨土，弘揚藥師法門就是實踐人生佛教的法門。大師於《藥師本願經講記》，勉勵大眾說：「今日之學佛者，應將藥師如來如何發願修行之方法牢記於心！孤掌難鳴，眾擎易舉，集眾人之力量，方可轉此污濁娑婆為清潔琉璃也。」

人間淨土藥師行

太虛大師與印順長老兩位大師先後開講《藥師經》，希望人人發藥師願，行

（廖順得　攝）

藥師行，轉娑婆世界為人間淨土，以發揮佛教於人間的濟世大用。他們皆從人生佛教的角度肯定《藥師經》，認為現代人重視現世的祈求與改善，而《藥師經》的特性是從世俗的祈求中滿願，並保證如願受益，非常適合現代人的根性。

例如西元一九五四年印順長老在臺北善導寺講《藥師經》，那年大陸正逢水患，善導寺也啓建藥師法會為眾生祈福消災，一方面仰仗三寶威神加被，一方面依法進修，眞正達成消災免難的目的。打破一般人對於讀《藥師經》、參加藥師法會只求個人利益的認知，轉而追尋全人類都能消災延壽，實踐《藥師經》救病難以延壽、救國難以延命、救百官庶民以延命的大我思想。

建設人間淨土，並非將藥師佛國搬至地球，而是學習藥師佛的十二大願精神，體會如來於現世救濟劍及履及的深切悲心，從而提昇我們自己的人品，活在當下，面對現實，勇敢承擔，轉腳下穢土為人間淨土！

學佛入門Q&A 25

藥師佛50問

50 Questions about the Medicine Buddha
(Bhaiṣajya-guru-vaiḍūrya-prabhā-rāja)

編著	法鼓文化編輯部
攝影	江思賢、李佳純、李東陽、李蓉生、林佳慧、周禎和、郭莉蓁、許朝益、梁忠楠、廖順得、賴彥文、鄧博仁、釋常參、釋常鐸
出版	法鼓文化
總監	釋果賢
總編輯	陳重光
編輯	張晴
美術設計	和悅創意設計有限公司
地址	臺北市北投區公館路186號5樓
電話	(02)2893-4646
傳真	(02)2896-0731
網址	http://www.ddc.com.tw
E-mail	market@ddc.com.tw
讀者服務專線	(02)2896-1600
初版一刷	2020年08月
建議售價	新臺幣160元
郵撥帳號	50013371
戶名	財團法人法鼓山文教基金會—法鼓文化
北美經銷處	紐約東初禪寺 Chan Meditation Center (New York, USA) Tel: (718)592-6593 Fax: (718)592-0717

法鼓文化

國家圖書館出版品預行編目資料

藥師佛50問 / 法鼓文化編輯部編著. -- 初版.
-- 臺北市 : 法鼓文化, 2020.08
面； 公分
ISBN 978-957-598-855-5（平裝）

1.佛教 2.佛教修持

220 109008184